AF497910

DÉDIÉE

à Madame Le Bas son Élève.

Nouvelle

MÉTHODE DE SOLFÉGE

pour l'Enseignement collectif et individuel de la Musique

DESTINÉE AUX ECOLES, PENSIONNATS, ET COURS PARTICULIERS,

Leçons graduées

Comme Lecture et intonation depuis les plus faciles

pour les Enfants jusqu'aux dernières difficultés.

PAR

TORRAMORÉLL

Chevalier de l'Ordre de Léopold 1er Roi des Belges.

1ere Partie.   *Prix net : 3f 50c*

PARIS,

Chez L'AUTEUR, 123 Rue de Lafayette.

NOUVEAU SOLFEGE
à 2 3 et 4 VOIX.
EN DEUX PARTIES.

Malgré le grand nombre de bons Solfèges qui ont paru jusqu'aujourd'hui, l'auteur de cet ouvrage a la confiance que sa nouvelle Méthode sera accueillie par tous les Professeurs qui voudront bien l'examiner, et surtout par ceux qui s'adonnent à l'enseignement collectif de la musique. Cette confiance est basée sur les résultats obtenus depuis 25 ans par l'auteur lui-même dans un grand nombre de pensionnats et avec des élèves particuliers dont beaucoup sont depuis longtemps professeurs.

On remarquera qu'après le N° 7 toutes les leçons sont écrites en guise de canon, sans que cela empêche le Professeur de les faire apprendre à des enfants de 8 à 9 ans en solfiant lui-même la lettre B lorsque l'élève aura bien appris la lettre A, et vice versa, ainsi de suite jusqu'au N° 40. Après le N° 99 on trouvera une suite de leçons faciles dont on pourra se servir sans tarder si l'on peut réunir trois ou quatre élèves au moins pour distribuer les lettres A, B, C, D. Ces leçons amusent les enfants et même les adultes, et les préparent en même temps à pouvoir faire leur partie dans la musique d'ensemble.

La 2e Partie contient 25 Mélodies à deux parties pour voix égales.

L'exécution de ces leçons est très difficile et même impossible pour les élèves qui n'aurait pas bien appris toute la 1re Partie.

Elle renferme encore des difficultés pour les personnes qui sont parvenues à un certain degré de force par des vocalises écrites à une partie, car en les composant, nous avons évité la routine, dans le but de faire de bons musiciens.

Cette Méthode peut servir d'ensemble pour voix égales ou différentes.

Miguel TORRAMORELL.

1. La marque de la mesure à 4 temps, manière de la battre.
2. Le point augmente la note de la moitié de sa valeur.
   Pour obtenir un bon résultat, il faut que le professeur fasse bien marquer les temps aux élèves.
3. Point d'Orgue servant à arrêter la mesure.

Pour toutes les leçons avec **A**, **B**, le professeur fera deux parts égales des Élèves; la lettre **A** commencera seule deux mesures après la lettre **B** commencera à son tour par **A** et s'arrêtera au mot FIN. Il est encore bon de changer alternativement de lettre. Si le professeur n'a qu'un élève, il se fiera à une des deux lettres.

1°. Le point augmente la note de la moitié de sa valeur;

2°. Liaison pour prolonger le son du premier Mi sans répéter le second.

1: Le Dièze hausse la note d'un $\frac{1}{2}$ ton.

2: Le Bécare la remet dans son ton naturel.

3: $\frac{3}{2}$, une Blanche pour chaque tems.

13.
A
B
B Fin.
14.
A
B
2
B Fin.

6
15.
Leçon a
2 parties.
SOL MAJEUR.
16.
Le premier Dièze se pose sur la 5.e ligne et sert pour toutes les Fa du même morceau.
Fin.

Les Nᵒˢ 17, 18, 19, 20, 21 et 22, doivent être dits en parlant pour les chanter plus facilement.

L'élève doit bien marquer les temps afin de faire sentir les syncopes.

22
S
Fin
23
A
B
2
B Fin
24
S A
B
B Fin
25
A
B
2

26.
27.
28.
29.

Après le N.º 31, voyez le N.º 88, leçon facile dans le même ton.

FA MAJEUR.

Le 1.er ♭ se place sur la 3.e ligne de la portée et sert pour tous les SI du même morceau.

34.
A
B
35.
A
B
B Fin
36.
A
B
Fin
37.
A
B
B Fin.

12
38.
39.
40.
A
B
B Fin.
A
B
B Fin.
A
B
B Fin.

15.
46.
17.
A
B
B Fin.
B Fin.
B Fin.
2

51
A B
B Fin.
52
A B
B Fin.
53
A B
B Fin.

54.
55.
56.
57.
58.
A
B
B Fin.

65
66
A
B
B Fin.
A
B
67
A
B
D

71
B
72
A
B
B Fin.
73

75.
76.

77
78.
79.

82
A
B
B Fin.
M. MARBER.
83
84
A
B
B Fin.

85.
A
B
86.
A
B
B
B

87.
A
B
Suite en differents tons.
B Fin.
88.
A
B
B Fin.

89
A
12
8
B
B Fin.
90.
A Réb majeur.
B
B Fin.

91
92
93

94
A
B
B Fin
95
A
B
B

96
A
B
Fin

LEÇONS FACILES A 4 VOIX ÉGALES, OU INÉGALES .

Il faut avoir quatre élèves et désigner à chacun, une des lettres **A,B,C,D**, la lettre **A** commencera seul. **B,C,D** se suivront à leur tour en commençant par **A** il faudra reprendre 4 fois et passer au mot FIN.

Nota: Pour les Canons qui ont une Coda, on reprend de même 4 fois et on passe tous ensemble à la Coda en prenant chacun sa lettre. La Coda ne se dit qu'une fois.

101.
102.
103.
104.
105.
106.

107.
A
B
C
pr. fr.
108.
A
B
C
D
1
109.
A B C D
4 fs. Fin.
110.
A B C D
4 fs.
Fin.

111.
A
B
C
D
S. Fin.
A 112.
B
C
Spr. fr.
113.
A
4 f.s
B
B Fin

114.

CODA en CHOEUR.

115.

116.

CODA en CHOEUR

CODA en CHOEUR.

118.

A
Bé_nis_sous l'E_tre su_pre_me il veil_le à no_tre des_tin.
B
Bé_nis_sous l'E_tre su_pre_me il veil_le à no_tre des_tin.
C
Il nous pro_tege il nous ai_me Il est le Dieu de l'or_phe_lin.
D
Il nous pro_tege il nous ai_me Il est le Dieu de l'or_phe_lin.
CODA en CHOEUR.
A
Il est le Dieu de l'or_phe_lin Il est le Dieu de l'or_phe_lin.
B
Il est le Dieu de l'or_phe_lin Il est le Dieu de l'or_phe_lin.
C
Il est le Dieu de l'or_phe_lin Il est le Dieu de l'or_phe_lin.
D
Il est le Dieu de l'or_phe_lin Il est le Dieu de l'or_phe_lin.
Fin

120.

CODA en CHOEUR.

Impr: Megnier, R. Lamartine, 34.